W0384573

USA

KARL ■ MÜLLER

INHALT

Übersetzung: Barbara Claren, Würzburg
Gestaltung: Patrizia Balocco

© 1992, 2003 White Star S.r.l.
Via C. Sassone 22/24
13100 Vercelli, Italien

2003 Herausgegeben in Deutschland
von Verlag Karl Müller GmbH
www.karl-mueller-verlag.de

Alle Rechte vorbehalten.
Kein Teil des Werkes darf in irgendeiner Form (durch Fotokopie, Mikrofilm oder ein ähnliches Verfahren) ohne die schriftliche Genehmigung des Verlages reproduziert oder unter Verwendung elektronischer Systeme verarbeitet, vervielfältigt oder verbreitet werden.

ISBN 3-89893-581-7

Gedruckt in Singapur

Links *Der Cowboy, der bei Sonnenuntergang neben einem riesigen Kaktus haltmacht, entspricht der weitverbreiteten Vorstellung vom Westen: ein Mann, ein Pferd, die Weite.*

Rechts *Majestätisch überragen die Spitzen des Monument Valley das sonnendurchglühte Land. Die Navajo-Indianer benannten diese Felstürme mit merkwürdigen, teils respektvollen, teils despektierlichen Bezeichnungen.*

S. 2/3 *Einer der spektakulärsten Orte von Utah, das vielen anderen Staaten der USA an Naturwundern durchaus nicht nachsteht, ist der Bryce Canyon.*

S. 4/5 *Die Skyline von New York mit den berühmten Wolkenkratzern.*

S. 8/9 *Die Preservation Hall Jazz Band, Symbol der Musiktradition von New Orleans, stellt zweifellos das beste Entree in die Stadt dar.*

S. 10/11 *Das nächtliche San Francisco, flirrend von Licht, verspricht – wie man es von einer für die Westküste so symbolischen und so vorurteilsfreien Stadt auch erwartet – 1000 Vergnügen nach Mitternacht.*

S. 12/13 *Der Strand von Daytona in Florida ist 40 km lang und vor allem ein Treffpunkt der Jugendlichen, die mit den merkwürdigsten Fahrzeugen dort hinkommen. Der sandige Untergrund ist so fest, daß man Autos und Motorräder fast am Saum des Wassers parken kann.*

WELLS FARGO BANK

Americano
FLOATS
T-SHIRTS
HOT DOGS
FLOATS
HOT DOGS
T-SHIRTS
CYCLES
SPEED LIMIT 10
SPEED LIMIT 10
TOYOTA

USA – LAND DER GEGENSÄTZE

DAS LAND, DIE LEUTE UND DIE PROBLEME

Wir alle haben irgendwann einmal ein pseudopsychologisches Spiel mitgespielt: das der Gedankenassoziation. Einer sagt »Familie«, und der andere antwortet mit dem ersten Wort, das ihm in den Sinn kommt; er drückt so aus, welches Bild das Stichwort »Familie« in ihm hervorruft. Auch wenn man »Mama«, »Haus«, »Wärme« oder »Streit« sagt – irgendetwas von uns wird an die Oberfläche kommen. Bestimmt gibt man nicht die Definition von »Familie« wie ein Lexikon. Objektivität wird durch Subjektivität ersetzt. Schlüge man nun hundert Individuen von verschiedenem Alter, sozialer Herkunft, Geschlecht, kulturellem Hintergrund sowie verschiedener Rollen in Familie oder Beruf dieses Spiel der freien Assoziation mit dem Wort VEREINIGTE STAATEN VON AMERIKA vor, bekäme man wahrscheinlich hundert voneinander abweichende, vielleicht auch ganz gegensätzliche Antworten, wahrscheinlich deshalb, weil es keinen Archetyp gibt, auf den man sich beziehen kann. Die USA sind alles und das Gegenteil von allem, Land stärkster Gegensätze, lebendes Paradoxon oder Paradies und Hölle. Wie auch immer man sie definieren will – die USA vereinigen, verschmelzen und präsentieren die vielfältigen und widersprüchlichen Erscheinungsformen des Planeten Erde.

Leider ist dieser Austausch zwischen so vielen entgegengesetzten Realitäten weit davon entfernt, zu deren Assimilierung zu führen. Die USA liefern weiterhin den Kontrast wuchernder Großstädte, wie NEW YORK oder LOS ANGELES, in denen die menschliche Dimension in einer Art Selbstzerstörung unterdrückt und zerrieben wird, und lieblicher kleiner Städte wie VERMONT, wo es schön und angenehm ist, im Kontakt mit anderen Menschen zu leben – einem Lebensrhythmus folgend, der die eigenen Noten mit den elementaren und zyklischen Tönen der Natur in Einklang bringt und die Hektik und den übersteigerten Wettbewerb abgeschafft hat: das Ganze unter dem Schutz der Gesetze, welche die Gemeinschaft sich gegeben hat.

In einer nicht mehr latenten, sondern offen zutage tretenden Schizophrenie ist heute das frierende, mit Lumpen bedeckte Bündel, das in der Untergrundbahn von NEW YORK schläft, ein ebenso typischer Amerikaner wie die schöne, muskulöse und mit Vitaminen gefütterte Surferin, die über die Wellen von BIG SUR gleitet. Oder die Familie,

Oak Alley ist das berühmteste Haus in ganz Louisiana. Es wurde im Jahre 1750 von einer französischen Kolonistenfamilie erbaut und besitzt eine wunderbare Zufahrt mit jahrhundertealten Eichen, deren Stämme in einigen Fällen einen Umfang von 10 m erreichen.

die komplett aus einer kleinen Stadt in NEVADA über das Wochenende nach LAS VEGAS kommt, um *Keno* zu spielen (eine Art Glückstombola), und jene andere, die sich in der unschuldigen Märchenwelt von Disneyland amüsiert und in der Piratenbucht herumplätschert. Wie schon gesagt – die USA sind alles und das Gegenteil von allem. Und wo die Natur nicht selber einen Unterschied macht zwischen Vegetation und Klima, Fauna und Bodenformation der 50 Bundesstaaten, greift der Mensch ein, indem er sich entweder in unendlichen Ballungsgebieten wie NEW YORK sammelt (das über 7 Millionen Einwohner zählt) oder sich in Staaten wie UTAH zerstreut, wo gut sechs Einwohner auf einen Quadratkilometer kommen. Die Bevölkerungsdichte in NORDAMERIKA liegt im Mittel klar unter der europäischen. Die USA sind wirklich das Land der großen Räume, der großen Straßen, die wie Arterien das Territorium durchziehen und von den vitalsten Ganglien des Systems, den Städten, ausgehen. Wenn jemand ohne Zeitdruck dieses

Die Halbinsel Cape Cod im südlichen Massachusetts ragt 50 km in den Atlantik und wird vom warmen Golfstrom beeinflußt. Die Schönheit der Strände von Cape Cod und der benachbarten Inseln Marthas Vineyard und Nantucket zieht im Sommer viele Gäste an. Um die Atmosphäre des 19. Jahrhunderts wirklich genießen zu können, ist es ratsam, außerhalb der Saison zu kommen: Nantucket, einst Hauptort des Walfangs, hat noch die eleganten Wohnhäuser dieser Zeit.

Land sehen will, muß man ihm zu Auto oder Bus raten, weil Flugreisen (trotz günstiger Preise und schneller Überwindung der Distanzen) kein Kennenlernen der Landschaft ermöglichen. Obwohl allein das Auto Privatsphäre und Individualität garantiert, ist auch der Autobus ein sehr gutes Mittel, um die Staaten kennenzulernen. Es gibt zwei Gesellschaften, die berühmten *Greyhounds* und die *Continental Trailways.* Deren Busse verbinden 15000 Städte und befahren 91000 Meilen Autobahn. Natürlich sind die Busse langsamer als Flugzeug und Auto, aber sie bieten eine große Ersparnis und einen ausgezeichneten Service auf den langen Strecken – mit Stops zu den Essensstunden sowie Restaurants und Imbißstuben an den Abfahrtsstellen. Dazu sind beinahe alle Langstreckenbusse mit Klimaanlage, Heizung, Toilette, verstellbaren Sitzen, Leselampen und blau eingefärbten Fenstern ausgestattet. Dieser Komfort ist deshalb notwendig, weil die Strecken sehr lang sind und die Reisegeschwindigkeiten (90/100 km/h auf den Autobahnen und

60/35/16 km/h in den Stadtzentren) sehr niedrig. Diese Beschränkungen werden allgemein respektiert. Die relativ langsame Fahrt erlaubt es, die Landschaft in all ihren Variationen gut zu erfassen. In einem Land, das von Ost nach West vier Zeitzonen aufweist (*Eastern Time, Central Time, Mountain Time* und *Pacific Time* – jeweils mit dem Unterschied einer Stunde), und das sich von den Eisgebieten ALASKAS bis zur Wüste ARIZONAS und den warmen Stränden des nicht ohne Grund *Sunshine-State* genannten FLORIDA erstreckt, wird der Reisende, der im Bus oder im Auto unterwegs ist, eine Vielfalt von verschiedenen Landschaften sehen. Auch wenn sich seit Ankunft der europäischen Siedler, also in nur zwei Jahrhunderten, die nordamerikanische Landschaft stark verändert hat und von 50% Forst nur 32% übriggeblieben sind, gibt es immer noch weite, gesunde Waldflächen. In NEW ENGLAND wird die Landschaft durch einen Mischwald aus immergrünen Koniferen und laubwerfenden Bäumen geprägt; weiter nach Süden hin wird die Vegetation immer reicher an breitblättrigen Sommerbäumen, darunter prächtiger Ahorn in VERMONT und NEW HAMPSHIRE, aus dem man Sirup gewinnt, und der sich im Herbst golden und karminrot färbt. In den sumpfigen Zonen FLORIDAS wiederum findet man Mangrovenbäume. In Richtung Westen wechseln die Grasflächen mit Eichenwäldern, die besonders in der Nähe der Seen und Wasserläufe beste Bedingungen vorfinden. Noch weiter westwärts trifft man auf üppige Wiesen und Grasflächen, die dem Auge keine Grenzen setzen. Auf diese Bilder von einem großen Land hat uns sicher das Kino vorbereitet. Weiter im Süden die typische Vegetation der Trockenzone mit ihren *Joshua Trees*, den Kakteen und den *Saguaro*. Sie erinnert uns daran, daß auch in der Wüste im wahrsten Sinne des Wortes Leben blüht. Wenn wir an der Westseite durch den Höhenzug an der KALIFORNISCHEN KÜSTE hinauffahren, erzählen uns die Douglastannen und die unglaublichen Sequoia-Bäume andere Geschichten, wecken neue Empfindungen.

S. 18/19 *Die Niagara-Fälle sind weder die höchsten noch die wasserreichsten der Welt, gehören aber zu den 10 meistfotografierten Orten und stehen als Touristenziel hinter New York City an zweiter Stelle in den USA.*

Wie die Vegetation zeigt auch die *Morphologie* die unterschiedlichsten Bilder. Besucher der EVERGLADES in FLORIDA, eines tropischen Paradieses, können kaum glauben, daß das COLORADO-BECKEN, wo sich auf einer halben Million Quadratkilometer die Naturwunder des GRAND CANYON, des BRYCE CANYON oder des DEATH VALLEY befinden, immer noch das gleiche Land ist. Eine ähnliche Verwirrung würde die Besucher befallen, wenn sie zum Beispiel dem Flußtal des MISSISSIPPI von den Quellen bis zur Mündung folgten. Der „Braune Gigant", der diesen Beinamen den Abfällen und der mitgeschwemmten Erde verdankt, hat seinen Ursprung in MINNESOTAS Seengebiet und durchquert dann die Wiesen WISCONSINS und das Grasland von IOWA und ILLINOIS. Nach den Savannen und der Bodenlosigkeit des Delta verliert er sich schließlich in den vielen *Bayous* von LOUSIANA (einer Art von sumpfigen Kanälen, die vom eigentlichen Flußbett abzweigen), um dann endlich in die warmen Wasser des GOLFS VON MEXIKO einzufließen.

Diese Vielfalt ist in einem Land, das aus 50 Staaten mit einer Oberfläche von 9 363 000 Quadratkilometern besteht, selbstverständlich. Was verwirrt, ist die unendliche Widersprüchlichkeit des »Systems« USA. An die Stelle jenes Bildes einer wohlhabenden und tüchtigen weißen Bevölkerung und einiger ethnischer Minderheiten (erstens der schwarzen und zweitens der spanischen und asiatischen), die die Rolle der Arbeiter oder chronisch Arbeitslosen übernommen hatten, ist eine neue, wesentlich vielfältigere und komplexere Realität getreten.

Das Beispiel einer zukünftigen Vielrassen-Gesellschaft ist in den USA schon Realität geworden, besonders in den großen Städten. Auch innerhalb der angelsächsischen Gruppe mit amerikanischer Sprache und weißer Hautfarbe sind die Lebensbedingungen sehr unterschiedlich. Die Aufteilung in *white collars* (Angestellte, mittlere und höhere Führungskräfte) und *blue collars* (Arbeiter ohne Spezialisierung und ohne kulturellen Hintergrund) betrifft auch die Weißen.

Die Arbeitslosenrate von 6% trifft alle, ohne groß zwischen Farbe und Geschlecht zu unterscheiden, und leider zeigt sich der Kontrast zwischen den armseligen Lebensbedingungen der Schwächsten, die sich selbst überlassen sind, und dem Wohlleben der Bessergestellten auch in der Aufteilung der städtischen Wohnviertel. Die verbrannten Häuser der SOUTH BRONX löschen die glitzernden Auslagen von *Gucci, Cartier* und *Tiffany* in der FIFTH AVENUE geradezu aus, und ein Besuch in der PARK AVENUE läßt das Gesicht des Armen nicht vergessen, der in der Metro bettelt. Die Straftaten in NEW YORK erhöhen sich jedes Jahr um 10%. Während die Stadtverwaltung 1986 noch 700 Millionen Dollar für die Drogenbekämpfung zur Verfügung hatte, beträgt dieser Etat heute 900 Millionen. Die Droge *Crack* läßt dagegen, in einer Art arithmetischer Progression die Zahl der Abhängigen völlig unkontrolliert ansteigen.

Man lebt und stirbt in NEW YORK – wie auch in MIAMI oder LOS ANGELES – unter den Augen der Welt in einer Art Apathie, die so bestürzend ist, daß sie fast natürlich erscheint.

Das Heer von mehr oder weniger gut gekleideten »Integrierten«, die jeden Morgen mit dem Zug in ein Büro in MANHATTAN fahren, kann eine Tatsache nicht vergessen machen, die einem den Atem nimmt: Die Zahl der gewohnheitsmäßigen Konsumenten von *Crack* und *Heroin* (die von »weichen« Drogen Abhängigen gar nicht mitgerechnet) beträgt nach offizieller Schätzung ungefähr 550000. Angesichts der sieben Millionen Einwohner NEW YORKS ergibt sich ein erschreckender Prozentsatz. Diese unmenschliche Dimension der großen hindert jedoch die Bewohner der kleinen Städte und der zahlreichen im Land verstreuten Farmen nicht daran, den Status des Amerikaners mit Stolz und patriotischem Optimismus zu genießen. AMERIKA ist nicht mehr das den Einwanderern (die zu Millionen in ELLIS ISLAND direkt vor den Toren NEW YORKS ausgeladen wurden) versprochene Gelobte Land. Es ist nicht mehr das Land, das eine bessere Zukunft garantiert, wenn jemand aufsteigen will und die vom Volk der Pioniere so geschätzte Energie besitzt. Auch ist die innere soziale und politische Lage nicht mehr die des schwindeler-

regenden Aufstiegs zwischen dem Ende des letzten Jahrhunderts und 1929, dem Jahr der großen Rezession. Trotzdem glaubt der Amerikaner – oder wenigstens der Durchschnittsamerikaner – an sein Land, schenkt seine Söhne in Propaganda-Spots der Heimat, scheut sich immer noch vor dem Ruch des Kommunismus, den manche »Volksfronten« ausströmen und rühmt sich der Tatsache, daß die verschiedensten ethnischen Gruppen innerhalb der amerikanischen Gesellschaft vertreten sind.

Die *Chicanos,* die im Jargon »wet-backs« (nasse Rükken) genannt wurden, weil sie angeblich durch den RIO GRANDE DEL NORTE schwimmend die Grenze überwunden haben, sind ebenso ein Teil AMERIKAS wie die aufgestiegenen, wohlhabenden Schwarzen (wegen ihrer auffallenden Eleganz abwertend »Pfauen« genannt) oder die Angestellten mit den weißen Kragen und eine wohlgenährte, breite untere Mittelklasse von spezialisierten Arbeitern, Handwerkern und kleinen Händlern. Dazu die seit Generationen arbeitslosen Schwarzen, die von dem leben, was das Schicksal hinter der nächsten Ecke bringt. Das kann der Müllmann sein, der in der Fäulnis des TOMKINS SQUARE aufräumt oder der Lieferant der täglichen Dosis, die vielleicht die letzte ist. AMERIKA sind auch die Orientalen mit einer klaren Dominanz der Chinesen, die um 1850 gekommen sind, als die Westküste billige Arbeitskräfte brauchte, und die heute vorwiegend in den *Chinatowns* von SAN FRANCISCO und NEW YORK, aber auch in den kleineren Städten leben und fleißig arbeiten, um mit vollem Recht ein Teil des Landes zu werden, das sie aufgenommen hat. Sie sind ebenso AMERIKA wie die Indianer, die (seit die *Politik der »termination«* darauf abzielt, die Reservate aufzulösen) in die Städte integriert werden, um sie in das soziale Netz AMERIKAS einzugliedern.

Nun ist die Geschichte dieses Volkes ein spezielles Kapitel innerhalb der amerikanischen Rassenproblematik. Man muß sehen, daß die Indianer die ersten Bewohner des Landes waren, während die Schwarzen und die Orientalen nur aus Gründen des Profits ins Land geholt wurden, und die Lateinamerikaner einfach einen Ausweg aus ihren unglücklichen und aussichtslosen Lebensbedingungen suchen.

DIE INDIANER

Indianische Nomaden kamen während der letzten Eiszeit, als die BERINGSTRASSE noch den asiatischen und den amerikanischen Kontinent verband, aus SIBIRIEN nach AMERIKA. Sie lebten friedlich und in engem Kontakt mit der Erde, jagten oder betrieben, je nach den natürlichen Bedingungen ihres Lebensraumes, Ackerbau und standen auf einem ziemlich hohen kulturellen Niveau. So entwickelten sie aus einer gemeinsamen Ursprache verschiedene Ableitungen, trieben an der Atlantikküste Fischfang und im Landesinneren Ackerbau und zogen Bohnen, Kürbisse, Tomaten, Kartoffeln und Kakao. Wie die europäischen Forscher erwiderten auch die Siedler die freundliche Aufnahme durch die Rothäute mit einer Politik, die fast zu deren

Oben *Hemingways Haus – im spanischen Kolonialstil – enthält heute ein Museum und ist eine der größten Attraktionen in Key West. Die winzige Insel hat in der Vergangenheit viele große Persönlichkeiten beherbergt, darunter den Präsidenten Truman und die Schriftsteller Tennessee Williams und John Dos Passos. Der bekannteste bleibt aber Hemingway, der hier eine sehr fruchtbare Zeit seiner literarischen Tätigkeit erlebte.*
Unten *Nur Meer und Himmel umgeben Key West mit ihrem Blau. Die Insel konkurrierte in der zweiten Hälfte des 19. Jahrhunderts mit Havanna in der Tabakproduktion. Heutzutage ist sie als Touristenzentrum und für die Hochseefischerei bedeutsam.*

Oben *Die Florida Keys, die sich im Golf von Mexiko über mehr als 200 km erstrecken, umfassen 42 kleine Inseln.*
Unten *Die Seven Miles Bridge verbindet Big Pine, das von Pinien, Kakteen und vielen Palmen bestanden ist, mit dem Touristenzentrum Marathon. Alle 42 Inseln der Florida Keys sind durch eine an Brücken reiche Autobahn verbunden.*

Ausrottung geführt hätte. Sie reduzierten zwischen 1887 und 1934 per Gesetz das den Indianern zugewiesene Land von 55 Millionen auf 20 Millionen Hektar und verweigerten ihnen bis 1968 die Erklärungen der *Bill of Rights.* Den Indianern geschah dasselbe wie ihren Schicksalsgenossen auf den Weideflächen, den Bisons. Heute ist es Geschichte, daß der Kongreß der Vereinigten Staaten 1902 50 000 Dollar bereitstellte, um die Ausrottung der letzten, 21 Tiere umfassenden Herde im YELLOWSTONE-PARK zu verhindern. Dieser tragische Epilog war vorhersehbar, wenn man bedenkt, daß schon 1883 die Jagd des weißen Mannes auf den Bison dazu geführt hatte, daß sich einer der berühmtesten Jäger, William Cody (genannt *Buffalo Bill*), im Zoo von PHILADELPHIA ein Paar ausleihen mußte, um seine Wild-West-Show nach EUROPA bringen zu können. Das Verschwinden des Bisons und der Landraub besaßen eine starke Auswirkung auf die Lebensbedingungen der Indianer. *Sioux, Apachen, Cherokee* und andere Stämme trockneten das Büffelfleisch oder kochten es mit Gewürzen und Kräutern und stellten aus den Fellen Decken und Kleidung her. Das Leder, in Wasser und Holzasche gegerbt, wurde zu Schuhen, Kleidung und vor allem zu Zelten verarbeitet. Die Hörner lieferten das Material für Löffel, Pfeifen und andere Gegenstände. Außer diesen materiellen Werten verloren die Indianer mit den Bisons auch ihr Totem-Tier, das Zeichen göttlichen Wohlwollens, das ihnen ihre Versöhnungsriten verhießen. Der Bison starb, und der Kongreß versuchte, die Situation zu retten. Weniger Besorgnis hatte der weiße Mann gegenüber den Ureinwohnern des großen Landes gezeigt. Als 1902 der Kongreß gerade noch rechtzeitig und effektiv eingriff, waren nur 12 Jahre seit dem *Massaker von Wounded Knee* vergangen. Das Abschlachten von 200 unbewaffneten Indianern war die Vergeltung für das Ende des 7. Kavallerie-Regiments am LITTLE BIG HORN im Jahre 1876 gewesen. Die Indianer konnten sich dafür nicht mehr rächen. An jenem Abend des 29. Dezembers verloren die *Sioux* nicht nur Häuptling »Großer Fuß« und seine 200 Gefährten. Vernichtet, erniedrigt, zum Schweigen verurteilt verloren sie ihre Identität und wußten, daß auch der Geist-Tanz ihnen nicht helfen konnte. Dieser Kult war durch *Wovoka* vom Stamm der *Paiute* begründet worden. Er hatte mit dreiunddreißig Jahren eine Vision, in der Gott ihm und seinem Volk einen neuen Versöhnungstanz versprach, der die Weißen entfernt halten, ihren Kugeln das Einschlagen in die Körper der indianischen Krieger verwehren würde und endlich Frieden bringen sollte. *Wovoka* erwachte aus diesem Traum stigmatisiert. Das Wunder vereinte *Paiute, Navajos, Comanchen* und *Cheyennen.* Der Staat versetzte seine Truppen genau in dem Augenblick in den Alarmzustand, als sich die *Sioux,* der kämpferischste Stamm, der *Ghost-Dance-Bewegung* anschlossen. Am 14. Dezember 1890 wurde der berühmte *»Sitzende Stier«* festgenommen und getötet, und die wenigen überlebenden *Sioux* brachte man in das Gefangenenlager von WOUNDED KNEE und schlachtete sie dort ab. Seither ist die Existenz der Indianer, beschönigend ausgedrückt, problematisch. Sie ist durch strukturell bedingte Schwierigkeiten wie Alkoholismus, Arbeitslosigkeit, Diskriminierung und eine hohe

Selbstmordrate bedroht. Jetzt empfinden viele Amerikaner ein starkes Schuldgefühl für all das, was geschehen ist.

DER AMERIKANISCHE FILM

Das Klischee des bösen, skalpsammelnden Indianers, der auch gegenüber Frauen und Kindern kein Mitleid zeigt, ist längst überholt und die Anerkennung der Sache der Indianer eine Realität.

Ein Beweis dafür ist der Wandel jenes Bildes, das der amerikanische Film seit den siebziger Jahren den Bürgern des Landes von dem Völkermord zeichnet. Neben dem Indianerproblem haben auch andere von den alten Produzenten tabuisierte Themen die allgemeine Aufmerksamkeit auf sich gezogen: Ehen zwischen Angehörigen verschiedener Rassen, der Feminismus, die Auflösung der Familie, soziale Konflikte. Vor allem kleine Produktionsfirmen haben sich mit diesen anklagenden Filmen vorgewagt. HOLLYWOOD und sein selbsterschaffener Mythos sind Vergangenheit; die Traumfabrik wohnt nicht mehr in LOS ANGELES auf den Hügeln. Für die Nostalgiker gibt es jedoch immer noch die Möglichkeit der *»Hollywood Memories«*, das heißt, sie können entweder die Kostüme fotografieren, die *Humphrey Bogart* in seinen Gangsterfilmen oder *Judy Garland* in »Der Zauberer von Oos« trugen, oder eine Runde durch PARAMOUNT GATE (mit dem wiedereröffneten Eingang auf dem SUNSET BOULEVARD) machen. Man kann auch die 33 Probentheater der UNIVERSAL STUDIOS durchstreifen, vor dem sieben Meter langen weißen Hai erblassen oder eine Gänsehaut beim Besichtigen des für »Psycho« benutzten Hauses empfinden; – ganz sicher aber ist HOLLYWOOD nicht mehr dasselbe wie früher. Diese Art von Kino, das durch Self-made Produzenten wie *Selznich, Mayer oder Goldwyn* auf große Stars aufgebaut wurde, das Schauspieler in Exklusivverträgen band, ihr Privatleben reglementierte und sie schließlich zu schier unannehmbaren Rollen zwang, existiert ebenso nicht mehr wie jenes, das die Realität süßlich verfälschte und sich an moralistische Vorschriften halten mußte (wie sie zum Beispiel der berüchtigte *Hays-Kodex* der fünfziger Jahre vorsah).

NEW ORLEANS

In den USA verändert sich alles abrupter als in EUROPA und dem Rest der Welt. Die sozialen Probleme werden immer gigantischer, die Gesellschaft verändert ständig ihre Regeln oder durchbricht sie einfach, ohne gültigen Ersatz zu finden. Städte wie LOS ANGELES, SAN FRANCISCO, ATLANTA, MIAMI und NEW YORK leben von täglich wechselnden Trends und ins Gegenteil verkehrten Idealen – wie dem Streben nach Geld, der Manie der Effizienz und der Liebe zum Körper (der als eine ständig zu vervollkommnende Maschine betrachtet wird), der Professionali-

Links oben *Das Pueblo di Taos in New Mexico ist aus ungebrannten Lehmziegeln erbaut. Der Verkauf kunsthandwerklicher Arbeiten hilft den Indianern, ihren Lebensunterhalt zu sichern.*
Links unten *In North Carolina leben viele Cherokee-Indianer, die in den Mokassin-Fabriken arbeiten oder – wie diese Frau – kunsthandwerkliche Gegenstände herstellen.*

Rechts *Die archäologische Zone von Mesa Verde in Colorado umfaßt auch diese Behausungen, welche die Indianer vor mehr als 1000 Jahren unter den Fels gebaut haben. Außer beeindruckenden Ruinen kann man den riesigen »kivas«, den unterirdischen Tempel einer Pueblo-Höhlen-Religionsgemeinschaft, besichtigen.*

tät und der Wettbewerbsfähigkeit an allen Fronten und ohne Skrupel, der Verachtung traditioneller Werte, der Zerbrechlichkeit zwischenmenschlicher Beziehungen. Leider gibt der Spruch »Jede Medaille hat ihre Kehrseite« genau die Situation wieder. Die Bewunderung der Schätze des METROPOLITAN- oder GUGGENHEIM-MUSEUMS in NEW YORK oder die fast kindliche Fröhlichkeit, die ein Besuch in den CHINATOWNS während des chinesischen Neujahrsfestes (z. B. auf der GRAND AVENUE in SAN FRANCISCO) hervorruft, verblassen beim Anblick jener, die in den Straßen von SOHO oder in der BOURBON STREET von NEW ORLEANS ihre Körper verkaufen. Und doch assoziiert man bei letzterem Stichwort idyllische Bilder einer genießerischen Stadt. Ein Symbol des Südens mit Häusern im Kolonialstil des letzten Jahrhunderts und blumengeschmückten Portalen als Hintergrund für Musikgruppen, die gemessenen Schrittes über den JACKSON SQUARE ziehen. Mit anderen Worten: Die Atmosphäre des tiefen Südens, die ausgelassene Fröhlichkeit des Karnevals, des *Mardi Gras*, die Üppigkeit der französische, spanische und südamerikanische Gastronomie zu einem Gaumenfest vereinenden *kreolischen Küche* – all dies verbirgt nur oberflächlich die geheimere Wirklichkeit dieser Stadt der Lust, deren Homosexuellenszene der inzwischen allgemein bekannten von SAN FRANCISCO kaum nachsteht. Immerhin hat sich NEW ORLEANS den etwas schläfrigen Charme einer südlichen Stadt bewahrt, den anderswo der Einbruch des Fortschritts oder – besser gesagt – der Zukunft, entschieden vertrieben hat. *Kreolische Architektur* findet man fast unverändert im VIEUX CARRÉ, dem französischen Viertel. Ein besonders schönes Beispiel ist der CABILDO, früher das Wohngebiet der herrschenden spanischen Klasse. Aus deren nationaler Architektur wurden die typischen Bögen übernommen und mit dem Mansardendach französischer Herkunft kombiniert. Im französischen und *Cajun-Stil* präsentieren sich die herrlichen Häuser der PONTALBA APPARTMENTS von 1850. Sie sind mit farbigem Anstrich, die Eingänge und kleinen Balkons mit Spitzenmustern aus Guß- und Schmiedeeisen verziert. Hier wohnte früher die französische Aristokratie und auch große Schriftsteller wie *William Faulkner* und *Sherwood Anderson*. Wer dann wirklich einen Schritt in vergangene Zeiten tun will, findet am JACKSON SQUARE die Erinnerung an wichtige historische Ereignisse wie die Ansiedlung der französischen Kolonie, die öffentlichen Hinrichtungen, den (*»Louisiana Purchase«* genannten) Kauf von ganz LOUISIANA, das 1803 für 15 Millionen Dollar aus dem Eigentum von *Napoleon* an die USA überging. Heute gibt es auf dem JACKSON SQUARE viele Jazzkonzerte und jedes Jahr am *Mardi Gras* die Umzüge mit allegorischen Wagen.

Tatsächlich bricht in NEW ORLEANS der *Season Carnival* schon kurz nach Weihnachten aus und erreicht seinen Höhepunkt am Faschingsdienstag. Einheimische und Touristen nehmen gemeinsam am allgemeinen Umtrieb und den Tanzfesten teil; ihr Gewimmel verstopft das französische Viertel, die ST. CHARLES AVENUE und die CANAL STREET. Viele private Feste versammeln in den

NEYWORLD, die Städte der Phantasie und der heilen Welt, sind der beste Beweis dafür. Daß LAS VEGAS 200000 Einwohner hat und auch ohne die jährlichen 12 Millionen Touristen eine richtige Stadt ist, DISNEYLAND und DISNEYWORLD dagegen zwei kleine, ganz auf Märchenwirkung bauende Städtchen, tut nichts weiter zur Sache. Alle drei haben ihren Mythos, sind ein Kennzeichen dessen, was gemeinhin unter dem Stichwort *»amerikanischer Traum«* kursiert und repräsentativ ist für die typisch amerikanische Tendenz, sich leidenschaftlich auf bestimmte Gebiete und Einzelbereiche zu konzentrieren: Sei es nun auf die Jagd nach dem Glück und dem leichtverdienten Geld oder auf die unschuldige Zerstreuung zum Vergnügen ganzer Familien. Nicht ohne Grund schlagen die angesehensten Reisebüros für ihre »coast to coast«-Programme ganz unbefangen einen Besuch in DISNEYWORLD, einen Halt in LAS VEGAS und einen Ausflug nach DISNEYLAND vor. Von diesen beiden weltbekannten Vergnügungsparks entstand zuerst DISNEYLAND, 1955 an der Westküste bei LOS ANGELES aus dem Boden gestampft. DISNEYWORLD war die logische Fortführung, fünfzehn Jahre später, an der Ostküste in ORLANDO in FLORIDA. Seit 1955 haben mehr als dreihundert Millionen Besucher die symbolische Maut mit Dollars, auf denen das Bild *Dagobert Ducks* prangt, bezahlt, um in das Märchen von DISNEYLAND eindringen zu können. Sie haben die MAIN STREET überquert und sind damit in die Atmosphäre einer kleinen Stadt des Mittleren Westens zu Anfang des Jahrhunderts eingetreten, sind überraschend bei den pastellfarbigen Häusern des NEW ORLEANS SQUARE gelandet, auf der Nachbildung eines *Thunder Mountain Railroad-Zuges* aus dem 19. Jahrhundert in die Goldminen gefahren, haben das Panorama des *Mark-Twain-Steamboats*, das einem großen Schaufelraddampfer auf dem gemächlich fließenden MISSISSIPPI nachgebaut ist, genossen, sind dann in *Adventureland* auf eine üppige Vegetation gestoßen, die (ohne konkrete morphologische und geografische Kennzeichnung zu besitzen) Begegnungen mit Kannibalen und nach einem saftigen Mahl suchenden Tigern bot. Im Geisterhaus war ihnen, dank raffinierter Spezialeffekte, eine schöne Gänsehaut sicher, dazu große Aufregung auf der Achterbahn des *Magic Mountain*, und auch der Zauber der in der Kindheit verschlungenen Abenteuerbücher erstand in jener Piraten und dem karibischen Meer verpflichteten Abteilung wieder. Jeder Besuch in DISNEYLAND geht mit dem Besteigen des Raumschiffes »Endor Expreß« und dem Flug nach *Tomorrowland* zu Ende. Der Wartesaal des Flugplatzes verspricht interstellare Reisen und erstaunliche Begegnungen jeder Art, und da diese Inszenierung von *George Lucas,* dem Schöpfer des Filmes »Krieg der Sterne« stammt, ist die »gute Reise« gesichert. Alles wird genau simuliert: der unangenehme Druck in den Sitzen beim Abflug, die Manöver zur Vermeidung unvorhergesehener Hindernisse, die Lichtgeschwindigkeit, der Feuerregen von tausend Meteoriten, plötzliche Bewegungen des Raumschiffs, seitliches Schleudern, Absturz in einen Kristallhügel, der Hinterhalt der Armee des »Reiches des Bösen«. Wenn der Zusammenstoß mit dem Feind unvermeidbar

Links oben *Die Golden Gate Bridge, Wahrzeichen von San Francisco.*
Links unten *Die Kreuzungen der großen Straßenarterien verdeutlichen, daß man in Los Angeles nicht ohne Auto leben kann. Nur so können in der Stadt die riesigen Entfernungen überwunden werden.*
Oben *Die Lombard Street in San Francisco besitzt zehn sehr steile Kurven, die von Beeten mit üppigen Hortensien eingefaßt sind.*
Unten *Auf den amerikanischen Straßen gelten ziemlich rigide Geschwindigkeitsbegrenzungen, man darf 90 km/h nicht überschreiten. Auf dem Foto die Autobahn nach Atlanta.*

scheint, bringt nach einer überraschenden Explosion das Öffnen der Türen einen wieder in die Wirklichkeit zurück. – Es war nur ein Spiel, wenn auch das spektakulärste von DISNEYLAND.

Als man vor fünfzehn Jahren DISNEYWORLD plante, wurde jede Anstrengung unternommen, das Anfangsmodell zu übertreffen. Heute gibt es außer den sechs Welten mit je einem Thema, die das Zauberreich bilden, eine richtige Modellstadt mit fünf Seen, vielen Tennis- und Golfplätzen, einem Naturschutzgebiet von 4000 Hektar Größe, einigen Hotels und zwei Eisenbahnlinien. Der Komplex des RESORT HOTELS, außerhalb des *Magic Kingdom*, hat fünfzehn Stockwerke und bildet ein riesiges A, das von einer einspurigen Bahn durchquert wird und dessen Planung und Ausführung in den Händen der Disneygesellschaft lag. Die 1046 Zimmer im HOTEL CONTEMPORARY sind schallgedämpft und mit automatischen Sprühanlagen für den Brandfall ausgerüstet, und sogar das Mondlicht ist künstlich.

Das Tüpfelchen auf dem i aber ist das, was unter dem *Magic Kingdom* liegt; die Leitungen für Wasser und Elektrizität, die Verkehrswege für die Versorgung mit Lebensmitteln und anderen notwendigen Dingen. Sie sollen die fröhliche Atmosphäre von Spiel und Märchen nicht stören. Mehr als 50 Tonnen Abfall werden täglich in das *Automated Vacuum Collection System* eingeleitet und zu einer außerhalb des Vergnügungsparks gelegenen Verbrennungsanlage transportiert. Das Abwasser, zur Bewässerung und Düngung der vielen Gärtnereien FLORIDAS genutzt, wird mit einem ganz neuartigen und effektvollen System gereinigt und gefiltert. Alles ist ökologisch konzipiert. Auf der Basis dieser neuesten Technologien soll die Gesellschaft der Zukunft realisiert werden, eine Gesellschaft, die zur Disney-Utopie paßt und die den phantasievollen Illusionen des Zauberreiches eine Realität an die Seite stellt, welche auch Ausdruck der Hoffnung und des Glaubens an die Fähigkeit des Menschen ist, die von ihm bewohnte Welt zu verbessern, sie zu gestalten – mag es sich dabei nun um die Urheber der in fünf Kontinenten berühmtesten Zeichentrickfilme handeln oder um die kreativsten, ihrer Zeit vorauseilenden Wissenschaftler. Der Disney-Traum ist optimistisch und wirklich sehr amerikanisch.

Aber AMERIKA sagt paradoxerweise auch mit LAS VEGAS, wo die bestbeleuchtete Straße der Welt, der STRIP, mit seinen vielfarbigen Reklamelichtern bis auf 100 km Entfernung zu sehen ist, sehr viel über sich aus. Der Wohlstand dieser Stadt geht auf ein Gesetz NEVADAS aus dem Anfang der dreißiger Jahre zurück. Es ermöglichte eine Scheidung in wenigen Wochen und erleichterte beziehungsweise verkürzte die Formalitäten der Eheschließung.

Dank dieser Vereinfachungen flog ein ganzes Heer von Scheidungswilligen nach LAS VEGAS – das sich darauf vorbereitete, sie mit Tausenden von slot-machines, unzähligen Black-Jack-Tischen und jenem Arsenal von Dingen zu empfangen, mit denen man die Wartezeit auf die Scheidung angenehm verbringen kann. Seither hat die *Hauptstadt der Vergnügungen* ihrem Köcher noch etliche andere Pfeile hinzugefügt, indem sie die Spielkasinos und Hotels mit der

SONG OF AMERICA
CHALK'S

Erinnerung an Weltstars verband und die vorzüglichen Restaurants äußerst abwechslungsreich gestaltete. So kann der Tourist zwischen dem Bacchanal Room in der Architektur einer römischen Villa aus der Zeit des Augustus (im Hotel CESARS PALACE) oder dem CAFÉ GIGI wählen, das die Innenräume der Kostümfilme über *Marie Antoinette* nachbildet. Oder er entscheidet sich für das CARSON CITY RESTAURANT im CIRCUS HOTEL, wo er speisend um eine Arena sitzen und Trapezkünstlern, Clowns und Akrobaten zusehen kann. Aber der Löwenanteil des Lebens spielt sich um die traditionellen Würfel- oder Black-Jack-Tische herum ab, beim Roulette, den slot-machines und bei den neuen Video-Pokern, bei den Formel-Eins-Rennen in Videos und den unglaublichen Wettspielen mit elektronisch gesteuerten Robotern. Das Spiel wird durch das Fehlen von Uhren und Fenstern psychologisch begünstigt. Es soll keine Pausen geben. So verdienen diese Stadt und der Staat NEVADA jedes Jahr mehr als zwei Milliarden Dollar. Daß LAS VEGAS sich darauf vorbereitet, in den neunziger Jahren ein wichtiges Kongreßzentrum zu werden, entspringt typisch amerikanischem Geschäftssinn. Der Stadt eigentliches Symbol, das Glücksspiel, wird noch für einige Zeit bleiben.

NATIONALPARKS

Ungefähr 200 km von LAS VEGAS entfernt, an der Grenze zwischen NEVADA und KALIFORNIEN, liegt der DEATH VALLEY, eine faszinierende Landschaft, wo der Mensch – im Gegensatz zu der Stadt des Spiels – nur eine ganz nebensächliche Rolle hat. Hier ist die Natur Hauptdarstellerin – und nicht nur wegen der ungewöhnlichen Schönheit der Landschaft, welche die roten und goldenen Farbenspiele des GOLDEN CANYON, das Ocker des MUSTARD CANYON, das Rot, Grün und Braun der BLACK MOUNTAINS und die bunten Kiesel des MOSAIC CANYONS bieten, sondern auch wegen der heiligen Atmosphäre einer fast mondartigen Landschaft, welche vor ca. drei Millionen Jahren zwischen dem Ende des Pliozän und dem Beginn des Quartär entstand. Die Erosion durch die gewaltigen Witterungseinflüsse und die großen Vulkanausbrüche haben hier eine unendliche Folge von Erhebungen hervorgebracht, die teils felsig sind wie in der ARTIST'S PALETTE, teils die Form von Dünen haben, die den Horizont gelb, orange und perlmuttartig oder ockergelb färben. Pflanzen mit tiefreichenden Wurzeln sorgen für diese Farbflecken in einer trockenen Welt, in der es doch Leben gibt, das sich in seiner Schönheit dem Auge des erstaunten Besuchers präsentiert.

Der Death Valley – mit einer Ausdehnung von 8000 Quadratkilometern im MOJAVE DESERT (von den Indianern Tomesha, Land des Feuers, genannt) – bekam seinen

Ein Wasserflugzeug durchfurcht das Meer (bei Miami).

heutigen Namen durch den tragischen Tod einer Gruppe von Goldsuchern, die 1849 nach dem reichen KALIFORNIEN ziehen wollten und in der höllischen Hitze der Wüste ums Leben kamen. Trotz seiner Benennung und obwohl es ältere Werbetexte als Übungsplatz für Reisen auf den Mond anpriesen, ist der DEATH VALLEY nicht ohne Leben; er bietet besonders in den sternklaren Nächten Atempause für zahlreiche Tiere – von den Antilopen bis zu den wilden Nachkommen jener berühmten Schar von 20 Mulis, die aus dem Tal zur Zeit der Pioniere das Borax heraustransportierten, sowie vierzehn Arten von Vögeln, z. B. Gänsen, Reihern und Enten, die die kleinen Sümpfe anfliegen. Die Anwesenheit des Menschen in dieser glücklichen Wüste ist sehr gering. Im Tal leben nur 200 Personen; meist Angestellte des Nationalparks oder Personal der beiden Hotels, die es hier gibt. Der Eingriff des Menschen wurde sowohl durch das »unmögliche« Klima (mit Sommertemperaturen von über 50° C) eingeschränkt, vielleicht aber auch dadurch, daß der Gesetzgeber die Naturschätze des Landes gebührend respektierte und nur so wenige Straßen und Gebäude zuließ, wie unbedingt notwendig sind. AMERIKA hat seinen Hauptreichtum immer in seinem Land gesehen; diesem Hauptdarsteller vieler Westernfilme, in denen bleiche Reiter sich hinter den Spitzen des MONUMENT VALLEY versteckten, auf dem Rücken eines Maultiers den GRAND CANYON durchritten, über die großen Grasflächen des Westens galoppierten oder im Südwesten der SONORA-WÜSTE Jagd auf Kopfgeld machten.

Die USA haben angefangen, die Erde vor dem Zugriff ihres verbrecherischsten Bewohners zu schützen, bevor der Begriff Ökologie überhaupt erfunden war: 1872 wurde der YELLOWSTONE-PARK zum ersten Naturschutzgebiet des Landes. Zweihundert Geysire und fast 10 0000 warme Quellen, Wasserfälle, Bäche, Travertin-Terrassen, Sümpfe, Stalaktiten, Tausende von Tieren (unter ihnen Bisons, Bären, Hirsche, Elche, Murmeltiere, Kojoten, Adler und Falken) machen YELLOWSTONE mit seinen 900 Quadratkilometern Ausdehnung zu einem Musterbuch aller Naturwunder. Da der Park jedes Jahr von Millionen Menschen besucht wird, ist das Risiko der Kommerzialisierung hoch. Bisher ist es jedoch den Zuständigen gelungen, den einzigartigen Charakter des Gebiets zu erhalten. Andere Vorsichtsmaßnahmen wurden, wenn auch ein wenig spät, gegen das Sammeln von Fossilien im PARK DES VERSTEINERTEN WALDES getroffen, der in ARIZONA liegt. Das 370 Quadratkilometer umfassende Terrain enthält die größte Sammlung von versteinertem Holz auf der ganzen Welt. Die einzige Farbe, die wirklich nicht vorkommt, ist Grün. Diese Wüstenlandschaft mag ungastlich erscheinen mit all den toten Bäumen, die sich in Stein verwandelt haben, hat aber eine ganz eigenartige Schönheit. Speziell an den *Giants Logs* (Riesenstämme) demonstrieren prächtige Farben den unglaublichen Vorgang der Versteinerung, der vor 70 Millionen Jahren begann und die Stämme mit Schuppen von Onyx, Achat und Jaspis einfärbte.

Dieser Naturpark rahmt den vielleicht immer noch berühmtesten von AMERIKA ein, den GRAND CANYON PARK. Von den neunzehn Canyons, die den Lauf des RIO

COLORADO von den Quellen in den ROCKY MOUNTAINS bis zur Mündung in den KALIFORNISCHEN GOLF markieren, enthalten diese 5000 Quadratkilometer die spektakulärsten geologischen Formationen. Farben (Ocker und Terra di Siena) und Formen erinnern an die Naturgewalten, die in einem einzigen Augenblick durch ungeheueren Druck oder langsam über Jahrmillionen hinweg dieses Wunder erschaffen haben. Alles spricht von der Größe der Natur, doch wer die technischen Berechnungen, die wissenschaftlichen Erklärungen nicht mag, kann sich den fast mystischen Gefühlen überlassen, welche der GRAND CANYON – besonders wenn man ihn von oben aus dem Flugzeug oder Hubschrauber sieht – weckt.

An der Grenze zwischen ARIZONA und UTAH liegt ein anderer Naturpark, den man eigentlich nicht amerikanisch, sondern indianisch nennen müßte: MONUMENT VALLEY. Er befindet sich in der *Navajo-Reservation,* und die Indianer führen die Ausflügler durch das legendäre Tal mit den unbeschreiblichen Türmen aus rotem Sandstein, die 300 Meter aus der Wüstenebene aufsteigen, vielen Westernfilmen als Kulisse gedient haben und an die Bauten von MANHATTAN erinnern.

Zu AMERIKA gehören in gleicher Weise die Hektik der volkreichen Viertel CHICAGOS, LOS ANGELES' oder NEW YORKS wie auch der große Atem eines Landes, das dem, der es durchfährt, erlebt und sieht, so viele Eindrücke schenkt. Die amerikanische Realität ist dermaßen vielfältig, daß es unmöglich ist, sie in Kategorien wiederzugeben. Einerseits gibt es das arbeitsame AMERIKA, jenes der großen Firmen mit Weltruf und den fortschrittlichsten Produktionsweisen, andererseits das arme, das in trostlosen Vorstädten nur mit Hilfe der Fürsorge lebt oder in den Slums Ausbeutern ausgeliefert ist.

Schließlich gibt es auch noch das *West-point*-AMERIKA mit den Kadetten in weißen Uniformen und das Land mit den großen Friedensdemonstrationen, das Land der Fernsehserien und Seifenopern konventionellster Sorte und das AMERIKA, das sich bei Dichterlesungen der Avantgarde selbst hört, das Land, das die Auflösung der Familie erlebt und dasjenige, das nach höheren Werten strebt und viele Sekten nährt, das gesunde, etwas grobe AMERIKA der Rodeos und der großen Sportveranstaltungen sowie das AMERIKA, das dem Berufsstreß nicht standhält und in die künstliche Welt der Drogen flieht. Die USA sind eine Mustersammlung menschlicher Varietät, gegensätzlicher Mentalität sowie unterschiedlichster Vorstellungen. Gingen wir beim Spiel der freien Assoziation von dem Wort VEREINIGTE STAATEN aus, wäre es wirklich schwer, darauf zu wetten, wie viele »MANHATTAN« sagen und wie viele »GRAND CANYON«...

Trotz der neu erwachsenen Konkurrenz von Atlantic City und Reno ist Las Vegas nach wie vor die Hauptstadt des Glücksspiels.

DIE UNERMESSLICHEN RÄUME AMERIKAS

»Wir beugten uns über die Brüstung und der große braune Vater der Wasser aus dem Zentrum Amerikas erschien uns wie der Fluß der verlorenen Seelen. Er führte Stämme aus Montana mit sich, Schlamm aus Dakota und Iowa und die ertrunkenen Dinge aus Three Forks, wo sein Geheimnis im Eis begonnen hatte. Während sich das rauchige New Orleans auf der einen Seite entfernte, kam uns das alte, schläfrige Algiers mit seinen waldigen, gewundenen Ufern auf der anderen entgegen. Die schuftenden Neger an den rotglühenden Kesseln des Fährbootes schwitzten an diesem heißen Nachmittag...«
Jack Kerouac (»On the road«)

1938 entdeckte John Ford die unvergleichliche Szenerie des Monument Valley. 1939 drehte er hier sein Meisterwerk »Stagecoach«, und es war nicht nur dessen großer Erfolg, der ihn dazu bewog, 1948 »Fort Apache«, 1949 »She wore a yellow ribbon«, 1956 »The searchers« und 1964 »Cheyenne Autumn« im Monument Valley zu drehen. In Fords Filmen war, neben den berittenen Soldaten und den fliehenden Cheyennen, diese Landschaft Hauptdarsteller. Daß er sie immer wieder zum Drehort wählte, hat seinen Grund in der beeindruckenden Schönheit dieser riesigen Kathedralen aus Stein.

Oben und S. 33 *Die merkwürdigen, teils surrealen Namen für die Türme des Monument Valley stammen von den dreißigtausend Navajos, die heute noch das Tal bewohnen und es nicht verlassen wollen.*
Unten *Gewundene Schluchten mit jahrtausendealten Flüssen dokumentieren jene weit zurückliegenden geologischen Prozesse, aus denen die wilde Schönheit des Grand Canyon entstand.*

Das Tal der Felskathedralen

In den monolithischen Blöcken des Monument Valley scheint der Geist, der sie schuf, noch eingesperrt zu sein. Nicht zufällig handeln die schönsten Gesänge der Navajo-Kultur vom Anfang des Universums und der Kraft des Regens, des Windes und der Blitze, welche die Felsen formte und die Welt ihrem Willen unterwarf.

Der lange Weg der Jahrhunderte

Links *Der Canyonlands Nationalpark (Utah) erstreckt sich über mehr als 250000 Morgen.*
Oben *Der San Juan River beim Eindringen in die Goose-neck State Reserve in Utah.*
Unten *In dieser Luftaufnahme kommen der Lake Powell und die Glen Canyon National Recreation Area besonders gut zur Geltung (Utah).*

S. 38/39 *Der Grand Canyon, »dieses wunderbare Panorama, das jeder Amerikaner sehen sollte« (Theodore Roosevelt), wurde in dreißig Millionen Jahren durch den Colorado-Fluß geschaffen.*

Ein anderer Planet

Der Death Valley, das Tal des Todes, ist etwa 7800 qkm groß, von denen 1500 qkm unter dem Meeresspiegel liegen. Dieses Tal, das die Panamit-Indianer »Land des Feuers« nannten, erhielt seinen heutigen Namen durch die Tragödie einer Gruppe von Bergleuten aus Nevada, die 1843 in dieser Wüste ihr Leben verloren. Das Schauspiel, das die Natur hier bietet, hat sicher nicht seinesgleichen auf der Welt. Sanddünen,

die ständig Form und Aussehen verändern, wechseln mit von der Sonne ausgetrockneten Tälern. Durch die Hitze ist die Erde aufgebrochen und rissig, das alles erscheint, dem Verlauf des Tages entsprechend, im betörenden Spiel des Lichtes und der Farben. Devils Golf Course stellt den Höhepunkt solch wilder Schönheit dar: Ein bizarrer Genius scheint im Rausch Salzskulpturen geschaffen zu haben, die sich wie Gespenster über den Grund erheben.

S. 42/43 *Dem Besucher, der in den Death Valley eindringt, zeigt sich eine Mondlandschaft. Sie war Hauptdarstellerin in dem berühmten Film »Zabriskie Point« von Michelangelo Antonioni.*

Betende Bäume

Das Joshua Tree National Monument in Kalifornien ist ein Sieg der Naturliebe über den Kapitalismus. Es wurde 1936, trotz des Drucks der Gesellschaften, die hier Mineralien abbauen wollten, zur geschützten Landschaft erklärt. Der Name stammt von den Mormonen, die in der nach oben gestreckten Form der Yucca die Gebetshaltung des Nachfolgers Moses' sahen und sie Joshua-Baum nannten.

Rauhe Küste

Big Sur ist der Küstenstrich Kaliforniens, der südlich der Halbinsel Monterey und von Carmel-by-the-Sea liegt. Monterey war die erste Hauptstadt Kaliforniens; der Schriftsteller Louis Stevenson hielt sich 1879 hier auf und fand dabei vielleicht die Inspiration für seine Geschichten von Seeräubern und versteckten Schätzen. Die Gegend ist noch heute ziemlich wild. An vielen Punkten verliert sich das Auge in der Unendlichkeit zwischen Meer und Himmel und bringt im Bunde mit der Phantasie unglaubliche Bilder zurück. In Carmel-by-the-Sea haben sich viele Künstler angesiedelt, wahrscheinlich auch auf Grund jener Vorschrift, die sowohl Neonreklame als auch allzu auffällig gestaltete Schaufenster verbietet. Auf den Felsen von Carmel gibt es Kolonien von Seehunden und -löwen, die auch durch die Anwesenheit des Menschen, an die sie gewöhnt sind, nicht vertrieben werden. Diese Region hat ihre Anziehungskraft für alle diejenigen behalten, die das Meer im ursprünglichen Zustand und ohne touristische Einrichtungen lieben. Der Strand von Big Sur hingegen ist ziemlich beliebt und vielleicht der berühmteste Teil der kalifornischen Westküste. Die steil abfallenden Felsen, die zerklüfteten Ufer und die Schönheit des Ozeans machen dem Ruf Big Surs alle Ehre. Für alle die Kalifornien und seine Strände lieben, aber auch für jene, die Henry Miller verehren (der sich hier mit Gleichgesinnten getroffen hat), zählt Big Sur zu den unverzichtbaren Stationen einer Kalifornienreise.

Ein Park in Riesendimensionen

Der Yosemite-Nationalpark hat eine Größe von 4800 qkm. Hier gibt es die größten Monolithen der Welt, echte Naturwunder wie Half Dome, El Capitan, North Dome, Sentinel, Basket. Auf seinem Territorium liegt auch der Upper Fall, ein Wasserfall, der an Größe die Niagarafälle weit übertrifft, und den Mariposa Grove, wo Mammutbäume mit einem Durchmesser von mehr als dreizehn Metern stehen.

S. 50/51 *Die »Sequoia sempervirens« – Mammutbäume des Redwood Nationalparks sind die höchsten der Welt, und der »Tall Tree« gilt als höchster Baum der Erde.*

Unberührte Natur

Colorado besitzt mit Aspen das wichtigste und am besten ausgestattete Wintersportzentrum des ganzen Westens. Schwierige Pisten, herrlicher Pulverschnee und gute Hotels verwöhnen die Gäste. Trotz der touristischen Erschließung gibt es noch unberührte Naturlandschaften, die auch solche Besucher anlocken, die nicht unbedingt Sport treiben wollen.

Tiere in Freiheit

Der Ruhm von Yellowstone ist schon längst über den Ozean gedrungen. Der Park wurde 1872 von Präsident Ulysses S. Grant unter Schutz gestellt und ist mit 9000 qkm der älteste und größte in den USA. Der größte Teil liegt in Wyoming, der Rest gehört zu Idaho und Montana. Was diesen Park so einzigartig macht, sind die 200 tätigen Geysire und fast 10000 warme Quellen. Hier gibt es die höchste Konzentration von Geysiren auf der ganzen Welt; höher als in Island, Sibirien und Neuseeland. Außerdem gibt es einen versteinerten Wald, in dem die Bäume noch aufrecht stehen, wie vor Millionen von Jahren, als sie von Vulkanstaub bedeckt wurden und starben. Sehr interessant und aufsehenerregend ist der Grand Canyon des Yellowstone River: vom Artist's Point aus kann man die Lower Falls bewundern, die sich aus einer Höhe von 94 m in die darunter liegende Schlucht stürzen. Etwas weiter bergauf liegen die Upper Falls mit einer Höhe von 33 m. Der größte Reiz von Yellowstone besteht aber wohl in der Möglichkeit, Tausende von Tieren frei in der Wildbahn beobachten zu können, unter ihnen Hirsche, Bären, Elche, Biber und Kojoten. Von den hier lebenden über zweihundert verschiedenen Vogelarten seien der Falke, der selten gewordene Singschwan und der Weißkopfadler, Amerikas Wappentier, erwähnt.

Der Geist des Südens und ein großer Fluß

Der Mississippi entspringt in Minnesota und durchquert bis zu seiner Mündung im Golf von Mexiko zehn Staaten. Dort teilt er sich in ein großes Flußdelta von 46000 qkm, das vorwiegend aus Sumpfland, Kanälen und Seen besteht.

S. 58/59 *Auch in unserer Zeit ist das Erlebnis dieses großen Flusses noch immer von besonderer Faszination.*

Die Everglades

Die Region der Everglades mit Grasflächen, Sümpfen und recht feindlicher Natur erstreckt sich über ein riesiges Gebiet. Im südwestlichen Teil wurde 1947 ein Nationalpark von ca. 6000 qkm eingerichtet, der ständig von einer Gruppe Ranger bewacht wird. Sie sollen vom Aussterben bedrohte Tiere wie Lamantin-Seekühe und Reiher schützen.

Alaska, Reich des ewigen Eises

Alaska gilt als Land der Rekorde, als Staat der Superlative. Drei Millionen Seen gibt es hier, zehntausende Inseln und mindestens 270 Gletscher. Neuntausend Flugzeuge durchschneiden den klaren Himmel, so daß auf 58 Einwohner eines kommt und ein Pilot auf 42 Einwohner. Die Entfernungen sind besonders weit und die Reisen auf dem Land sehr beschwerlich, besonders in der kältesten Zeit. Das Territorium Alaskas umfaßt 1540000 qkm; dies entspricht einem Fünftel der ganzen USA und dem Doppelten von Texas. Zwischen 1799 und 1867 gehörte dieses unendliche Land mit seinen reichen Bodenschätzen zu Rußland, das es dann für ca. 7200000 Dollar an die Amerikaner verkaufte. In der zweiten Hälfte des 19. Jahrhunderts, während des Goldrausches, wurde Alaska zum Ziel vieler Abenteurer, die vom schnellen und leicht zu erringenden Reichtum träumten. Mit den Pionieren kam auch ein junger Schriftsteller, Jack London, und berichtete der Welt von diesen unendlichen Räumen voller Schnee und Eis. Wer nach Alaska kommt, fühlt sich wirklich in einem anderen Land. Da sind die riesigen unberührten Tundren, wo Wolf und Rentier so im Gleichgewicht leben, daß menschliches Eingreifen unnötig ist. Aus diesem Grund sind 2 Millionen Hektar Land zum Reservat erklärt worden; der Park Denali liegt 400 km südlich des Polarkreises, unterhalb des 6193 m hohen Mount McKinley.

METROPOLEN

»Die USA beschäftigen die Fantasie vor allem mit ihren großen Städten, den riesigen Metropolen. Einem Jungen aus der italienischen Provinz können Manhattan und Los Angeles durch Fernsehen und Filme vertrauter sein als seine eigene Stadt . . . Wir erkennen die Spitze des Chrysler-Wolkenkratzers, den ›Falling-waters‹-Bau des Frank Lloyd Wright, die Golden Gate Brücke in San Francisco, die Brücke von Brooklyn oder das Guggenheim-Museum, ohne jemals in den USA gewesen zu sein, weil sie sich uns durch Film, Musik und Fotos eingeprägt haben.«

Guido Gerosa

Als ob die Energie von Millionen Menschen den Zementeingeweiden jenes Mega-Systems Leben gäbe, so sprechen die amerikanischen Metropolen aus sich heraus und für sich selbst. Es geht weniger um Geschichte wie in Europa, sondern um die Erinnerungen so vieler verschiedener Völker, die miteinander leben und gegeneinander kämpfen, um zu bestehen. Dieses Gefühl von Brüchigkeit und Widerspruch nährt die scharfen Kontraste zwischen Luxus und Elend, welche überall brutal offenbar werden. Dem Verfall einer Gesellschaft, die sich nicht mehr selbst verwalten kann, stehen gelegentlich doch ein vitaler Ausbruch oder eine menschliche Anstrengung gegenüber, um aus der Gleichgültigkeit herauszugelangen. Die Farben, die Gerüche, die tausend Geräusche des Verkehrs – das arbeitende Amerika pulsiert in den großen Städten, diesem Mischmasch aus unzähligen Elementen, die wie Zellen – auch entartete – voller Leben sind.

Links oben *Den besten Blick über die Stadt Seattle hat man vom Dach des sich drehenden Restaurants »Space Needle«*

Unten *Die Feierlichkeiten zum 4. Juli besitzen für die Einwohner Philadelphias große Bedeutung. In dieser Stadt wurde 1776 die Unabhängigkeit von Großbritannien besiegelt, für eine gewisse Zeit war sie auch Hauptstadt.*

Rechts *Das 381 Meter hohe Empire State Building ist eine Art gigantischer Obelisk aus Beton, Stahl und Stein und erinnert wie kein anderes Bauwerk an New Yorks goldene zwanziger Jahre.*

MetLife

New York, der »big apple«

»Die Stadt ist einzigartig: ihre Neurosen, ihr Fieber, ihre schmutzigen, aber hellerleuchteten Straßen (die stinken und gleichzeitig nach Parfüm duften); elegant, doch im Zerfall begriffen – das sind die Wunder dieser Welt.«

Guido Gerosa

CIRCLE LINE

NEW
YORKER
CUNARD

SONY
MIDORI
MELON
LIQUEUR
SONY
SONY
NOVOTEL
ARTKRAFT STRAUSS
Coca-Cola
COME AND MEET
THOSE DANCING FEET
42ND STREET
W 45 ST
MOLSON
GOLDEN
Make it Golden for me and my friends
FIRE

Die Entstehung New Yorks geht auf das Jahr 1626 zurück, als der Holländer Peter Minnewit die Insel Manhattan von den Indianern kaufte und eine Kolonie gründete, die er New Amsterdam nannte. Die Engländer hießen die 1646 eroberte Ansiedlung New York. Dank ihrer günstigen Lage wurde die Stadt im 17. Jahrhundert das Tor für alle aus Europa Kommenden. So begannen Aufschwung und Ausdehnung New Yorks. Ein Mythos ward geboren. Diese Stadt in Zahlen beschreiben zu wollen, würde vielleicht ihre Dimensionen nur verkleinern: dennoch sollte man aber erwähnen, daß sie fast siebeneinhalb Millionen Einwohner hat und jedes Jahr von 17 Millionen Touristen besucht wird. Damit ist sie das begehrteste Ziel der westlichen Hemisphäre.

Washington, Stil und Politik

Drei aufeinander bezogene Bauten bzw. Denkmäler in einem Kontext von Parks und Grünflächen symbolisieren des hauptstädtischen Washingtons ursprüngliche Aufgaben zum Schutze der Bürgerrechte, der persönlichen Freiheit und der Unabhängigkeit. Am Fluß Potomac befindet sich das Lincoln Memorial mit seinen 36 weißen Marmorsäulen, was der Zahl jener Staaten entspricht, die sich damals zusammengeschlossen haben. Dahinter dann ein Obelisk von 170 m Höhe und das Capitol, Sitz des Senats und der Abgeordnetenkammer, Symbol des Staatenbundes und Zentrum der Stadt. Dieses prächtige Ensemble ist, einem Edelstein gleich, mit zahlreichen neoklassizistischen Gebäuden eingefaßt, die einen herrlichen Rahmen für die Legende Washington darstellen. Höhepunkt einer Stadtbesichtigung ist das Weiße Haus, seit 1800 Residenz des Staatsoberhauptes. Washingtons städtebauliches Konzept stammt von dem Franzosen P.-Charles l' Enfant, der es 1791 im Auftrag von George Washington entwickelte. Ein Gesetzeserlaß bestimmt, daß kein Bau über 13 Stockwerke hoch sein darf, so daß der Obelisk des Washington Monuments immer die anderen Gebäude überragen wird.

Los Angeles, die Stadt der Wunder

Ursprung von Los Angeles war die von dem Franziskaner Jumpero Serra gegründete Missionsstation von San Gabriel. Die Entdeckung von Gold und später von Petroleum machten aus der kleinen Siedlung eine große Stadt von ungebremstem Wachstum. 1920 war Los Angeles schon die größte Kommune der Welt; der Höhepunkt der wirtschaftlichen Entwicklung lag in den fünfziger Jahren. Mehr als jede andere verkörpert diese Stadt das Prinzip des Erfolgs und den amerikanischen Mythos, der ganzer Generationen Träume prägte. Beverly Hills steht für die Sehnsüchte von Millionen Menschen, während Hollywood als Materialisierung ungezügelter Fantasien von Ruhm und Reichtum gilt.

Links *Die Rundtürme des »Bonaventure Hotels«, die auf den Architekten John Portman zurückgehen, reflektieren das Licht des Sonnenuntergangs.*
Mitte *Moderne Skulpturen und kühne Konstruktionen charakterisieren das Bild des Handelszentrums.*
Rechts oben *Der Yachthafen Marina del Rey ist der größte der Pazifischen Küste und kann mehr als 10000 Boote aufnehmen.*
Rechts unten *Der riesigen Dimension der Stadt entspricht das 11000 km lange Straßennetz.*
S. 76/77 *Los Angeles' Stadtbild wird von den Wolkenkratzern geprägt.*

UNION BANK

San Francisco – schön, hier zu leben

Auf sieben Hügeln gelegen wie Rom, die Meeresbucht im Osten und den Pazifischen Ozean im Westen, weht in San Francisco immer ein leichter Wind, der die Temperaturen nie über 24 Grad ansteigen läßt. Wenn man in einer Vorstadt im Landesinneren Quartier nimmt, kann man auch dem häufigen Nebel an den Küsten entgehen, das herrliche Klima der Stadt genießen und in den »cable cars«, den berühmten Straßenbahnen, die die Gesetze der Schwerkraft außer Wirkung zu setzen scheinen, die steilen Hügel auf und ab fahren. In der ganzen Welt bekanntes Wahrzeichen von San Francisco ist die Golden Gate Bridge, deren 20000 Tonnen Stahl 200 m über den Wellen des Pazifiks im Himmel zu schweben scheinen und unter deren Bogen die Wasser von zwölf Flüssen hindurchströmen.

S. 80/81 *Die Oakley Bay Bridge wurde 1936 für den Verkehr freigegeben. Mit einer Länge von ca. 13 km verbindet sie San Francisco und Oakland.*

Chicago, Stadt der unmöglichen Herausforderungen

Obwohl 1890 bei der Zählung der Anteil der Einwanderer in Chicago bei 80 Prozent lag, kann eine Stadt kaum amerikanischer sein in ihrer Hektik und Aktivität, im Bemühen, sich mit fast unerfüllbaren Aufgaben und berühmter zukunftsweisender Architektur selbst übertreffen zu wollen. Chicago ist Amerikas Wirtschaftszentrum, die Stadt der Wolkenkratzer und der kühnen Stahlkonstruktionen.

Das gebildete Boston

Von Boston sagt man, es sei die europäischste Stadt der Vereinigten Staaten. Wenn man auf der Arlington Street spazieren geht, wo die reichen Bostoner im letzten Jahrhundert die schönsten Häuser und die majestätischsten Kirchen errichtet haben, versteht man, was mit diesem Prädikat gemeint ist. Das, was vom Boston Henry James', dem Gründer der Stadt, noch steht, ist dagegen ohne Protzerei und Mißklang.

New Orleans, die Stadt der Freuden

Eine Stadt, die auf ihrem Banner einen historischen Flügel trägt, weist damit zweifellos auf ihre enge Beziehung zur Musik hin. Diese Fahne aber sagt noch mehr über New Orleans aus. Der Flügel erinnert an den Widerstand, den diese Stadt der Südstaaten im Kampf gegen die von dem zum Mythos gewordenen General Sherman geführten Nordstaaten leistete. Damals stellten die Soldaten des Washington-Regiments eben diesen Flügel mitten auf das Schlachtfeld und sangen vor und nach den Angriffen patriotische Lieder zu seiner Begleitung. In der Struktur des Stadtplans und in der Architektur ist noch der Einfluß der Franzosen und Spanier spürbar, die sich bis 1803 im Besitz New Orleans' abwechselten, ehe Napoleon die Stadt den Vereinigten Staaten abtrat. Die bekannteste Gegend und sicher auch die beeindruckendste ist das Vieux Carré, das französische Stadtviertel auf dem rechten Ufer des Mississippi, wo zu Beginn des 19. Jahrhunderts der Jazz geboren wurde.

Das reiche Dallas

Mit Dallas assoziiert man vielleicht heute am ehesten das Bild Amerikas und des angeblich typischen Amerikaners. Man denkt an den reichen Texaner mit Cowboyhut, der seine vielen Ölfirmen von der Höhe eines Wolkenkratzers mit spiegelnden Fenstern aus leitet, der im Cadillac auf seine Ranch fährt, die gleich vor der Stadt liegt. All dies ist zum Teil wahr. In Dallas fahren die meisten Luxusautos der westlichen Welt, und der Lebensstandard ist gegenüber anderen Städten mit erschrekkendem Elend sehr hoch. Man muß allerdings auch sehen, daß hinter der brillanten Oberfläche eine durch harte Arbeit realisierte hohe Produktivität steht.

Miami – Milliarden und Art Déco

Die ethnische Struktur Miamis ist besonders bunt und vielfältig. Kubaner und Mexikaner vor allem machen einen großen Prozentsatz der Bevölkerung aus, so daß jetzt schätzungsweise die Hälfte spanisch spricht. Geografisch ist die Stadt in zwei Hälften geteilt, die von der Bucht von Biscayne getrennt und durch viele Autobahnen und durch

hochliegende Bahnen verbunden sind, die zum Teil weit hinausführen. Von oben gesehen sieht das Meer mit den vielen künstlichen Inseln getupft aus. Dort gibt es Luxusvillen mit Anlegeplätzen und privaten Landestegen. Miami und Miami Beach profitieren von der Touristikindustrie, die vor allem wegen des tropischen Klimas und der üppigen Vegetation sehr stark gewachsen ist. Im Laufe der Jahre hat die Stadt eine einmalige Infrastruktur geschaffen, die mehr als 500 Hotels, 400 Motels und mehr als 4000 Restaurants umfaßt. Viele dieser Komplexe wurden von den reichen Kubanern übernommen, die zwischen 1959 und 1960 nach dem Sturz des Batista-Regimes aus ihrer Heimat geflohen sind. In Klein-Havanna haben sie zum Teil die reizvolle Atmosphäre ihres Landes neu erschaffen und einen der malerischsten Winkel der Stadt begründet, der in reizvollem Kontrast zu den ultramodernen Hotelbauten steht.

SONG OF AMERICA

Honolulu, wiedergefundenes Paradies

1795, als König Kamehameha das Gebiet von Oahu eroberte, reichten die Wälder, Felder und Sümpfe bis ans Meer. Die Strände von Waikiki waren dazumal natürlich noch kein Begriff. Seither hat sich alles grundlegend verändert; es entstand eines der Hauptzentren des internationalen Tourismus. 120000 Menschen leben auf weniger als drei Quadratkilometern, wo sich etwa 450 Re-

staurants und mehr als 1000 Geschäfte befinden. Das mythische Eden zu Füßen des erloschenen Vulkans Diamond Head, der das Symbol von Hawaii geworden ist, hat sich in ein modernes, reiches Touristenparadies verwandelt. Hier überleben nur jene Traditionen und Bräuche, die sich den Anforderungen des Marktes und einer expandierenden Wirtschaft beugen. Eine achtspurige, vielbefahrene Autobahn verbindet den Flughafen mit der Stadt. In Honolulu ist alles auf eine weitere Steigerung des Fremdenverkehrs ausgerichtet, der – ohne Zweifel – der wichtigste Wirtschaftsfaktor und Hauptarbeitgeber der Einwohner ist.

EIN LEBENSSTIL

»Jede Stadt, jedes Land in Amerika ist eine Welt für sich. Die Bevölkerung zeigt einen ungeheuren Facettenreichtum: ein Planet ohne Grenzen, eine menschliche Konstellation ohne Ende, die sich in den letzten zwanzig Jahren unaufhörlich verändert – zur Freude der Soziologen, Ethnographen, Schriftsteller und Regisseure. Von Raymond Cartier stammt die These, es gebe 50 Amerikas, ebensoviel wie Bundesstaaten. Das ist wahr... die Leute sind wie Chamäleons. Zu jeder Stunde des Tages wechseln sie Farbe und Haut, zeigen sich auf andere Weise und in anderem Stil.«

Guido Gerosa

Man kann die Lebensweise der Amerikaner unmöglich in einer einzigen Definition fassen. In den USA lebt eine Vielzahl von ethnischen Gruppen mit eigener Geschichte und eigenen Gefühlen und Temperamenten. Gemeinsamer verbindlicher Nenner ist die große, unbegrenzte Liebe zu dem Land, das sie vereint und vertritt.

Eines der Bilder, das am häufigsten vor Augen tritt, wenn man von den Vereinigten Staaten und ihren Menschen spricht, ist das des Cowboys, jenes geschickten berittenen Hirten, der in direktem Kontakt mit der Natur lebt, abseits von den Intrigen der Geschäftswelt und dem chaotischen Verkehr der großen Städte.

S. 98/99 *Die Aufgaben beim Rodeo sind vielfältig und spektakulär: Die Cowboys reiten ohne Sattel, zähmen wilde Pferde oder fangen mit dem Lasso Kälber ein.*

LABOR DAY
WEEK-END
8
9
10

Amerika bei der Arbeit

Faul wie ein Sommer in Los Angeles oder hektisch wie die Wall Street – Amerika zeigt dem interessierten Besucher beide Gesichter. Das Märchen von Dagobert Duck, der ein Vermögen macht, indem er mit einer Nickelmünze anfängt, ist längst überholt. Es bleiben die kapitalistische Freude, den Wohlstand zu mehren, und eine mit viel Arbeit verbundene Professionalität.

Die Landwirtschaft ist eine der Haupteinnahmequellen der amerikanischen Wirtschaft. Man denke nur an die Baumwollfelder von Louisiana, die Weinberge Kaliforniens oder die unendlichen Weizenflächen in Iowa.
S. 102/103 *Im Staat Mississippi ist die Krebsfischerei im Schwunge, die auch ein wichtiges Element der örtlichen Gastronomie bildet. Überall in den USA ist der Fischfang sehr verbreitet und eine Quelle beträchtlichen wirtschaftlichen Profits.*

ARTHUR

Die Wall Street ist Amerikas Wirtschaftstempel: Hier entstehen oder vergrößern sich Vermögen, hier zieht man die Fäden, die die Welt bewegen.

Eine Nation für den Sport

Der Sport ist in den Staaten Vergnügen, Hobby, Freizeitbeschäftigung. Viele Sportarten sehen Millionen von Begeisterten als Zuschauer, die dann – als Laien – oft dieselben Disziplinen betreiben, die sie in den großen Stadien bewundern.

Links *Die Stadien, in denen American football gespielt wird, fassen ein riesiges Publikum. An der Spitze steht das Superdome von New Orleans, das größte überdachte Stadion der Welt mit einer Kapazität von 97000 Besuchern.*
Mitte *Die Spieler gehen gut gepolstert aufs Feld, was wegen der Härte des Spiels auch notwendig ist.*
Rechts *Auch Basketball hat viele Anhänger – nicht nur wegen der Überlegenheit amerikanischer Mannschaften bei internationalen Kämpfen, sondern weil es in allen Schulen von den untersten Klassen an gespielt wird.*

Links *Baseball ist der eigentliche amerikanische Sport. Auf dem Foto ist das Stadion von Los Angeles zu erkennen, wo die »Dodgers« Millionen von Zuschauern begeistern.*
Rechts oben *Saratoga, Sitz des »Saratoga Race Track«, ist die älteste Pferderennbahn der USA und Teil des amerikanischen Mythos – so, wie Wimbledon für Großbritannien steht. Während der Saison wird das Städtchen zum obligatorischen Treffpunkt für die oberen Zehntausend der amerikanischen Gesellschaft.*
Rechts unten *Das Golfspiel ist in Amerika sehr populär und bietet Einrichtungen und Plätze von höchstem technischen Standard.*

Links *An den Küsten ist das Segeln der beliebteste Sport. Auf unserem Bild durchfährt ein Boot die Golden Gate Brücke in San Francisco.*
Rechts *In den Vereinigten Staaten werden alle Sportarten mehr oder weniger intensiv ausgeübt. Jede Gelegenheit, Wettkämpfe zu betreiben oder zu besuchen, wird gern wahrgenommen. Hier das große Treffen der Ballonfahrer in Albuquerque (New Mexico).*

Cheers

Die Kunst zu leben

Daß die Fähigkeit zum Vergnügen in Amerika entstanden sei, ist vielleicht übertrieben. Aber es stimmt, daß die Amerikaner sich mehr als jedes andere Volk vergnügen. Die unendlichen Räume und die außergewöhnliche Natur sind eine wichtige Ursache, doch sie wären nichts ohne die Gemütslage, die Begeisterung und das Organisationsgeschick, welche die Bewohner der Staaten demonstrieren. Familienfeiern im Wohnmobil, der Zauber von Disneyland, ein improvisiertes Schauspiel auf dem Ghirardelli Square von San Francisco oder Hollywood – alles, wirklich alles zählt zu den einzigartigen Gelegenheiten in Amerika die man nicht versäumen darf und bis zum Grund ausschöpfen muß.

Links *Eine amerikanische Familie bei Sonnenuntergang an einem der herrlichen Strände Floridas.*
Rechts *Das Wohnmobil ist eines der meistgebrauchten Verkehrsmittel für die Familienferien und um, wie in diesem Fall, die schönsten und eindrucksvollsten Plätze Floridas aufzusuchen.*

S. 114/115 *Der Strand von Daytona (Florida) ist wegen seines milden Klimas zu allen Jahreszeiten sehr bevölkert.*

Palm Beach verdankt seine Entstehung dem reichen Eisenbahnmagnat Henry Flaglert. In kurzer Zeit und unaufhaltsam entwickelte sich die Ortschaft zur Wahlheimat des Großbürgertums. Heute gilt die North Avenue mit ihren Luxusgeschäften, in denen man die exklusivsten internationalen Markenartikel findet, als teuerste Straße des amerikanischen Ostens.

S. 118/119 *Palm Beach bietet für ein geruhsames Alter ein heiteres Klima und kristallklares Wasser. Eine Alternative für solche, die wirkliche Ruhe suchen, ist das stille Georgia.*

Ein menschlicher Musikautomat in den Straßen von San Francisco, ein Seiltänzer bei Sonnenuntergang auf der Mole von Key West, musizierende Studenten auf dem Hauptplatz der Berkeley-Universität – das alles sind verschiedene Möglichkeiten, das Leben anzugehen und im Alltag die Show zu suchen. Jeder Ort, jeder Platz, jede Kreuzung sind für den Auftritt geeignet. Ein aufmerksames, positives Publikum findet sich allemal. Amerika ist wirklich die Welt der Show – mit einem tiefen Respekt für das Individuum und dessen Recht, sich auch außerhalb der Konventionen zu bewegen, sofern nicht die Rechte und die Würde anderer verletzt werden.

Disneyland liegt in Anaheim, 27 Meilen von Los Angeles entfernt, an der Westküste; Disneyworld in Orlando, in Florida, auf der anderen Seite der Vereinigten Staaten. Disneyland, von Walter Elias Disney 1955 gegründet, wurde von Millionen Kindern und – warum nicht – auch Erwachsenen erträumt. Disneyworld war die Fortsetzung, 15 Jahre später, mit einem erweiterten, verbesserten, moderneren Konzept.

WALT DISNEY

Obwohl Hollywoods Glanzzeit längst vergangen ist, möchte jeder Besucher Los Angeles' jenen Gehweg sehen, auf dem die Stars ihre Fuß- und Handabdrücke hinterlassen haben, oder eine Eintrittskarte für das »Mann's Chinese Theatre« erwerben. Hier erlebt man noch einmal die Atmosphäre der großen Kinosäle der vierziger Jahre, reich verziert mit Stuck, Reliefs, Dekorationen, Brokatvorhängen. Tempel jenes magischen Filmritus, dem ganze Generationen verfallen waren.

Die Pioniere des Weltraums

Es gibt drei Raumfahrtzentren in den USA – das weniger bekannte von Alabama und die berühmteren in Houston (Texas) und Cape Canaveral (Florida), die nach Lyndon B. Johnson bzw. John F. Kennedy benannt sind. Perfekter amerikanischer Geschäftssinn erlaubt den am Raumabenteuer Interessierten die Besichtigung der Abflugrampen in allen drei Zentren. Man findet dort auch eine Nachbildung der Apollo-Mondfähre und das Trainingszentrum der Astronauten.

Links oben *Komplizierte Apparate erlauben es, vom Boden aus die Unternehmungen im Weltraum zu überwachen.*
Links unten *Hochentwickelte, faszinierende Technologien sind Voraussetzung für die Eroberung des Weltraums.*
Mitte *Der Shuttle beim Start von der Rampe.*
Rechts *Das Abenteuer der Mondlandung zählt bereits zur Frühgeschichte der Raumfahrt: neue große Unternehmungen werden vorbereitet.*

BLIDNACHWEIS

Marcello Bertinetti/ Archiv White Star: S. 8-21; 22 unten; 24-29; 40-49; 55 unten; 56-61; 62 li. oben and mitte; 63; 71 oben; 72 li.; 72 re. unten; 74-77; 78 li. oben; 78 li. unten; 78 re. oben; 79; 82-83; 84 unten; 85 oben; 85 unten; 86-87; 90-93; 100; 102-103; 105 re.; 106; 107 li.; 108-111; 113-115; 116 mitte unten; 117; 119-121; 122 oben; 123-125; 128.
Angela White/ Archiv White Star: S. 62 unten; 78 li. unten; 112; 116 oben; 118.
Antonio Attini/ Archiv White Star: S. 4-5; 65; 66-67.
Peter Adam/ Stock Photos/ ACE: S. 80-81;
Apa Photo Agency: S. 23; 32 oben; 66.
Armstrong/Zefa: S. 6.
Dallas & John Eaton/Apa Photo Agency: S. 1; 54; 55 oben; 64 oben; 68-70; 72 re oben; 84-85 mitte; 95; 98-99; 105 li.
Ben Dregon/ Animals Animals/ Overseas: S. 96.
J. Dressel/ Zefa: S. 32 unten.
Robert Kinght/ Apa Photo Agency: S. 30-31; 53.
Dennis Lane/ Apa Photo Agency: S. 101 oben.
Ben Nakayama/ Apa Photo Agency: S. 126-127.
A. Nate/ Overseas: S. 107 re.
Stan Osolinski/ Overseas: S. 55 li. mitte; 55 rechts.
David Ryan/ Apa Photo Agency: S. 50-51; 78 oben; 94 re.
Blair Seitz/ Apa Photo Agency: S. 64 unten.
R. Gomez/ Zefa: S. 97.
R. Strange/ Apa Photo Agenvy: S. 94 re.
Adina Tony/ Apa Photo Agency: S. 22 oben; 34; 35 oben; 52; 111.
Adina Tony/ Oversear: S. 88-89.
John Warden/ Overseas: S. 101 unten.
Perry Alan Werner/ Apa Photo Agency: S. 73; 104.